Los osos

Dona Herweck Rice

Un oso tiene hocico.

Un oso tiene cola.

Un oso tiene orejas.

Un oso tiene ojos.

Un oso tiene garras.

Un oso tiene uñas.

Un oso tiene pelaje.

Un oso tiene dientes.

¡Un oso gruñe!

Asesora

Jamey Acosta, M.S.Ed.
Especialista en lectura y estudiantes de inglés TOSA

Créditos de publicación

Rachelle Cracchiolo, M.S.Ed., *Editora comercial*
Emily R. Smith, M.A.Ed., *Vicepresidenta superior de desarrollo de contenido*
Véronique Bos, *Vicepresidenta de desarrollo creativa*
Caroline Gasca, M.S.Ed., *Gerenta general de contenido*

Créditos de imágenes: Todas las imágenes cortesía de iStock y/o Shutterstock.

Library of Congress Cataloging in Publication Control Number: 2024043328

5482 Argosy Avenue
Huntington Beach, CA 92649
www.tcmpub.com

ISBN 979-8-3309-0347-4

Printed by: 51497
Printed in: China